Tirgen daheim mitarbeiten. Die Älteste 10-14 Jahre hat mir schon viel Arbeit abgenommen, wenn ich vor Schwäche u. Magenschmerzen nicht mehr fähig war, die Arbeit fertig zu machen.
Bei Untersuchungen u. Magendurchleuchtung [illegible] on den Ärzten immer gesagt ich muß ins Spital [illegible]
Es wurde immer wieder gezögert der Arbeit wegen u. die drei Mädchen gingen noch zur Schule u. die Buben Einer im Studium u. zwei in Lehrstellen.
Ein Grund, daß ich immer wieder warten mußte, war auch, daß erst am 1.4.1966 die Bauernkrankenversicherung in Kraft getreten ist. Vorher war immer die große Sorge, wie bezahlen wir die Spitalskosten?
Wenn dieses große Glück nicht schon am 4.4.1966 gewesen wäre, ich glaub dann hätte ich sterben müssen. An dem Tag hatte ich Magendurchbruch.
Es wurde schon sofort der Arzt geholt u. der kümmerte sich das die Rettung kam. Die konnten zur damaligen Zeit, weil die Straße noch nicht ausgebaut war, erst bis zum Reithof fahren. Bis dorthin mußte mich mein Mann auf einen Holziehschlitten mit dem Pferd bringen. Es war eine schreckliche Fahrt. Teilweise noch hoher Schnee, das Pferd trat tief durch u. riß dann wieder stark an den Schlitten. Ich war nicht mehr immer bei Bewußtsein u. mußte am Schlitten fest angebunden werden.
Zur Rettung vor dem Reithof kam auch die Reitmutter, die immer eine liebe gute Nachbarin zu uns war u. drückte mir 100 Schilling

BARBARA PASSRUGGER

DIE BERGE

MEINE LEBENSWELT

BARBARA PASSRUGGER

DIE BERGE

MEINE LEBENSWELT

HERAUSGEGEBEN VON
GEORG HELLMICH
MIT FOTOS VON
GERT HELLMICH

BÖHLAU VERLAG WIEN · KÖLN · WEIMAR

Die Deutsche Bibliothek – CIP-Einheitsaufnahme

Die Berge – meine Lebenswelt / Barbara Passrugger. Hrsg. von
Georg Hellmich. Mit Fotos von Gert Hellmich. – Wien ; Köln ; Weimar :
Böhlau, 1994
ISBN 3-205-98223-1
NE: Passrugger, Barbara; Hellmich, Georg [Hrsg.]

ISBN 3-205-98223-1

Fotos S. 134, 136 von Thomas Rilk (ORF), Foto S. 138 von Walter Unterberger
Satz: Zehetner Ges. m. b. H., A-2105 Oberrohrbach

Druck: Tiskarna Ljudske Pravice, Ljubljana

VORWORT

Ist die Erinnerung bunt? Ich glaube nicht. Barbara Passruggers Erinnerung ist es nicht. Vielmehr besteht das geistige Bild aus einer dominanten Farbe und deren Tönen, die verebben.
Ist die Erinnerung – die bildhafte – detailliert? Oder besteht sie aus einigen wenigen, typischen Details, die erst dann ein Gesamtbild entstehen lassen? Was sieht man, wenn man die Augen schließt und sich ein Pferd vorstellt? Die Nüstern, die Hufe, die Mähne? Eher als das ganze Pferd in allen seinen Dimensionen.
Anders als die beiden ersten Bücher Barbara Passruggers, „Hartes Brot" und „Steiler Hang", ist dieses Buch weniger als Dokumentation zu verstehen, vielmehr ist es ein Versuch, sich dem Individuum Barbara Passrugger in ihrer bergbäuerlichen Umgebung auf eine andere Art zu nähern. Es genügte uns nicht, Fotos zu machen, es mußten Erinnerungen, Stimmungen und Gefühle sein. Um diese Eindrücke zu transportieren, erschienen uns zunächst Schwarzweißaufnahmen als das geeignete Medium. Daraus entwickelten sich in der Folge aber auch Bilder, die ich bewußt nicht als „Farbfotos" bezeichnen will, sondern als Bilder mit reduzierten Farben – die Erinnerung, die Phantasie ist nicht bunt, sie macht bunt.
„Die Berge – Meine Lebenswelt" ist ein Versuch, Barbara Passruggers Leben in den Bergen mit Bildern einzufangen. Dabei widerstanden wir der Versuchung, Bilder und Texte zu entwerfen, die einen Anspruch auf Vollständigkeit und Exaktheit erheben. So genügt uns eine Axt auf einem Hackstock, um dem Betrachter gemeinsam mit der begleitenden Textstelle ein Gesamtbild von der Holzarbeit entstehen zu lassen, ein Gesamtbild, das vielmehr in seiner Vorstellung als auf dem Papier existiert, dafür umso vollkommener. Entstehen dabei Bilder, die auf eigenen Erinnerungen, Vorstellungen oder Erzählungen basieren, ist ein Ziel erreicht. In diesem Sinne ist das Vorwort nicht als Gebrauchsanweisung, sondern als Hinweis für den Leser und Betrachter zu verstehen.

Filzmoos, im April 1994

OBERHOFSEE

Das war kein wirklicher See, sondern große Lacken; aber wir haben sie so genannt, weil wir ja hier sonst keinen See haben. Später ist dort drainiert worden. Für uns Kinder war es ein Spaß, wenn das Wasser gefroren war. Wir sind mit den Schuhen darauf herumgerutscht, Eislaufschuhe haben wir keine gehabt, und die Erwachsenen sind gern einmal dorthin Eisstockschießen gegangen. Auch heute noch heißt die Stelle Oberhofsee, nur von einem See sieht man nichts mehr.

PARADIES

Als Kind haben mich oft Gedanken wegen der Paradiesvertreibung beschäftigt. Vor allem die Frage, was mit den schönen Äpfeln geschehen ist, ließ mir keine Ruhe. Nun ergab es sich einmal, daß ich daheim am Oberhof unsere Stallmagd Afra einen großen Apfel essen sah. Gleich war ich bei ihr, wohl auch in der Hoffnung, daß ich auch einen Teil davon abkriege. Jetzt fragte ich sie, was sie glaubt, was mit den Äpfeln passiert ist, nachdem der Herrgott Adam und Eva aus dem Paradies verjagt hatte. Sie sagte mir, daß damals im Paradies auch viele wilde Tiere waren, die alle noch kein Fleisch gefressen hatten, so hat sich dann ein Löwe die vielen schönen Äpfel geholt. Das leuchtete mir ein, weil verderben lassen durfte man die Früchte ja doch nicht, wo doch Obst für uns etwas besonders Rares war.

HOSNPELN

Daß ich kein richtiges Spielzeug gehabt habe, hat mir nie viel ausgemacht, ich habe mir schon zu helfen gewußt. Wenn man wollte, hat man bei uns überall was zum Spielen gefunden. Holz oder Rindenstücke, Zapfen oder Hosnpeln, die Losung von einem Hasen. Die haben es mir besonders angetan, man konnte damit richtig Kugelscheiben. Trotzdem hab ich mich sehr gefreut, als ich dann doch einmal richtige Glaskugeln geschenkt bekommen habe.

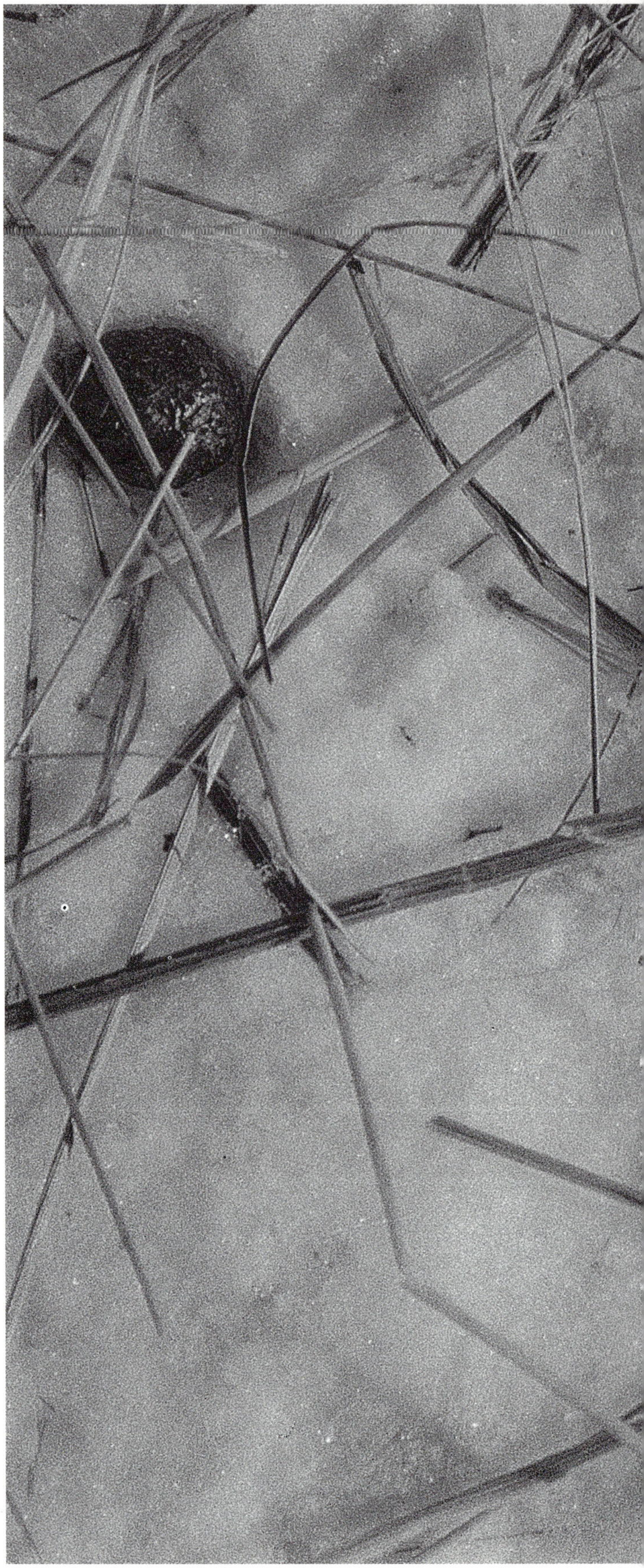

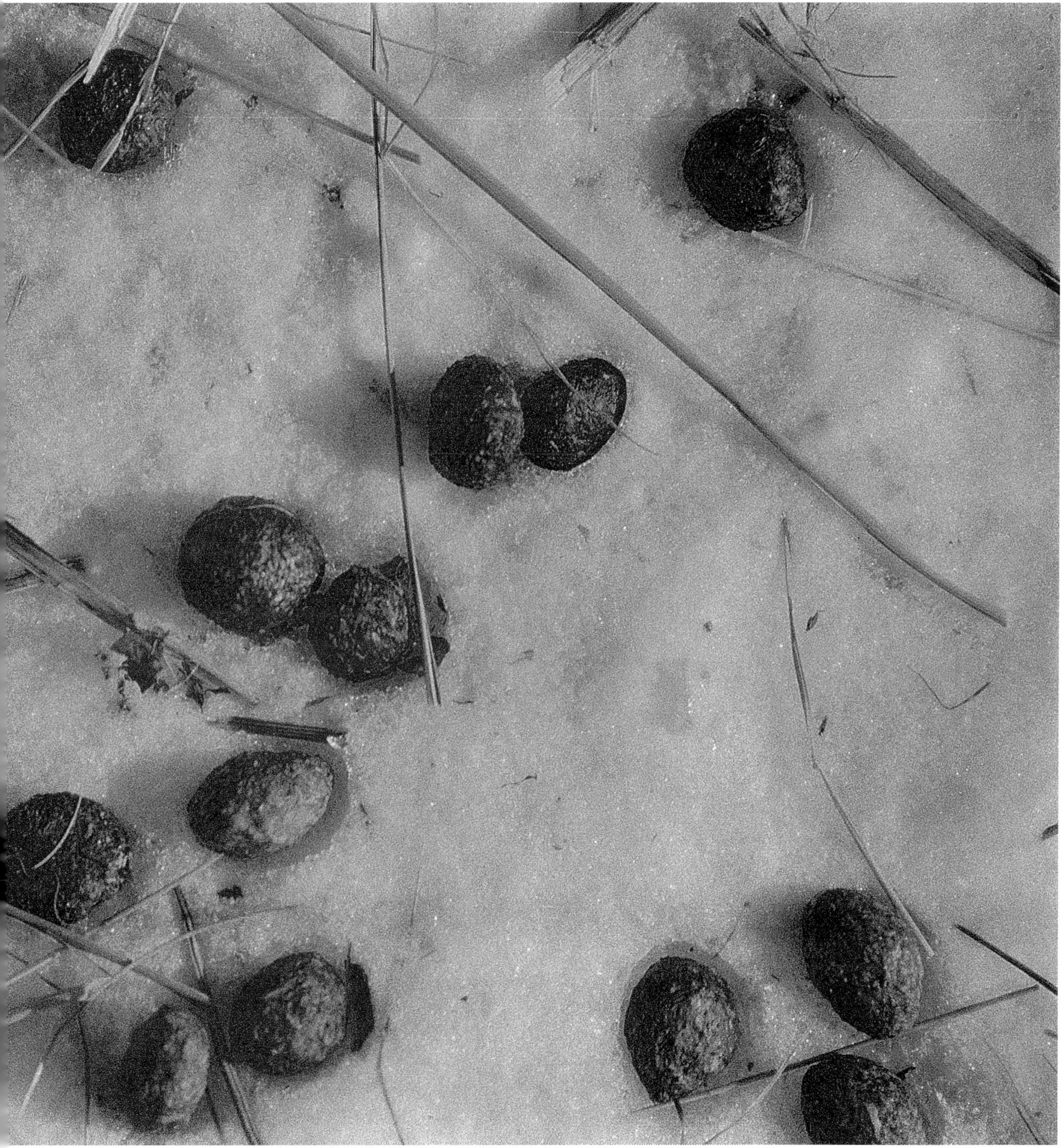

RAMSAUER

In der Schule hat uns der Pfarrer erzählt, daß es Missionare gibt, die weit ins Ausland gehen und die Leute bekehren, die keine Christen sind. Da gibt es Neger, die sind schwarz, die Indianer sind rot, die Chinesen sind gelb, er hat uns so über die heidnischen Völker erzählt. Drauf hat er gesagt, wir dürfen uns nicht mit den Ramsauern befreunden, weil das sind auch andere Leute, die auch nicht den rechten Glauben haben. Ich hab dann immer daran denken müssen, und mir überlegt, wie die Ramsauer ausschauen und was sie für eine Farbe haben. Einmal bin ich mit meiner Ziehmutter nach Radstadt rausgefahren, und sie hat mir den Weg hinauf in die Ramsau gezeigt. Jetzt wollte ich nichts lieber, als rauf in die Ramsau, schauen, was die Leute für eine Farbe haben. Und wirklich bin ich an einem Sonntag heimlich den Weg gegangen. Auf dem Weg sind mir zwei Leute entgegengekommen, aber die haben noch so ausgeschaut wie unsereiner. Dann bin ich noch weiter gelaufen, bis ich Leute gehört habe, die haben gejodelt und gesungen und recht viel Lärm gemacht. Da hab ich gleich gewußt, daß es die richtigen Ramsauer sind, weil der Pfarrer erzählt hat, daß auch die Indianer immer singen und schreien. Mich hat mein ganzer Mut verlassen, ich bin zurückgelaufen und hab wieder nicht gewußt, wie die richtigen Ramsauer ausschauen.

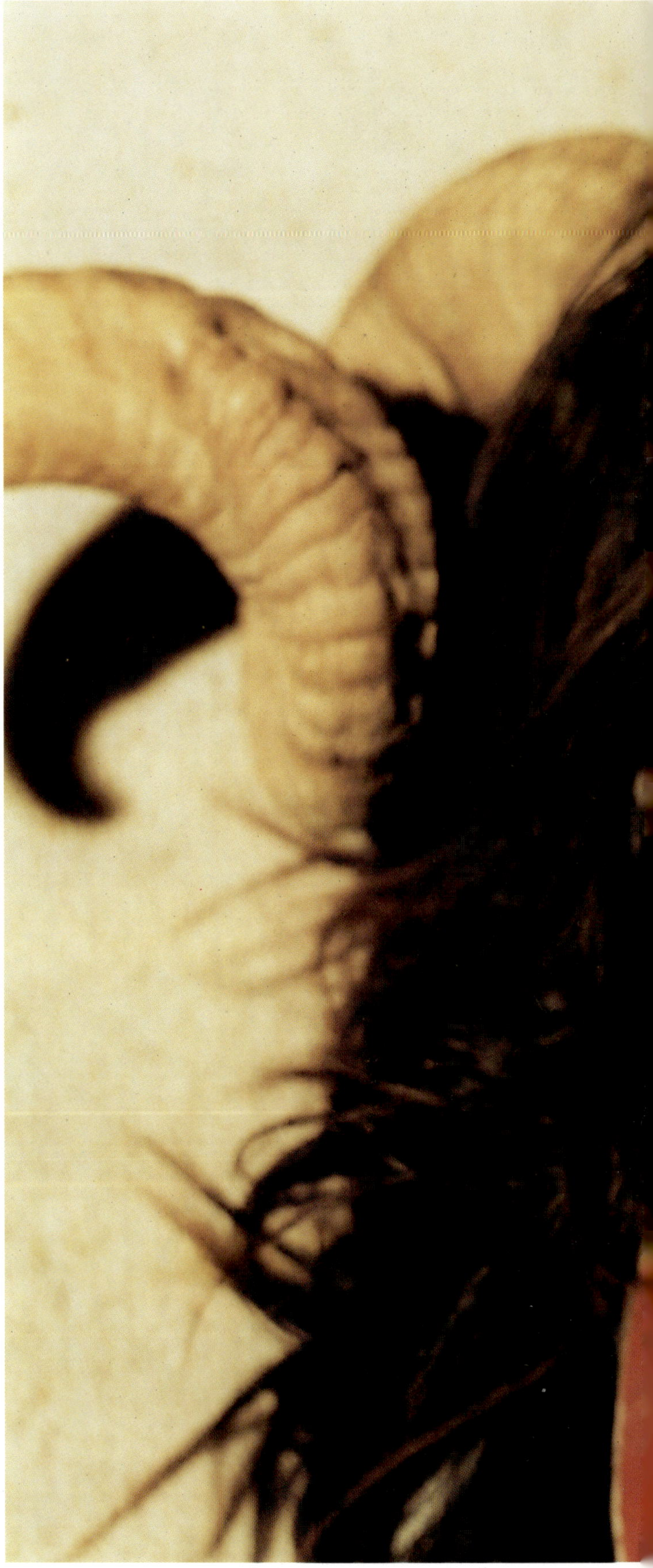

STEINER IRG

Nach dem Ersten Weltkrieg hat es sich so zugetragen, daß die Burschen, wenn sie zusammengesessen sind, viel vom Steiner Irg erzählt haben. Der war ein Ramsauer und hat im Ersten Weltkrieg desertiert. Wenn sie so geredet haben, hab ich immer ein bisserl mitgehört. Weil er desertiert ist, hat er sich immer verstecken müssen, häufig war das auf den Almen bei den Sennerinnen. Über zwanzig Kinder soll er dadurch zusammengebracht haben. Zu dieser Zeit hab ich oft bei meinem Vater am Rettenegg arbeiten müssen. Da bin ich draufgekommen, daß der Vater genau die Ramsauer als Freunde hat und dazu auch den Steiner Irg. Die sind den Vater öfters besuchen gekommen. Ich hab mir Gedanken darüber gemacht, wieso der Vater von denen viel mehr Freunde hat als bei den Filzmoosern. Einmal ist er mit dem Irg gekommen, als ich gerade alleine im Haus war. Der Vater hat mir angeschafft, daß ich dem Irgen eine rechtschaffene Jausen richten muß. Jetzt hab ich aber ein ungutes Gefühl bekommen. Die Jause hab ich wohl herrichten können, aber wie sollte ich dem Irg die Jause bringen, ohne daß ich auch ein Kind bekomme. Jetzt bin ich zu ihm rein in die Stube und hab ihm von aller Weite die Jause hingereicht – ich seh ihn heut noch schmunzeln –, aber ich hab ja nicht gewußt, woher die Kinder kommen.

Den Vater haben wir, meine Brüder und ich, einmal kritisiert, weil er Ramsauer als Freunde gehabt hat, obwohl der Pfarrer gesagt hat, daß das nicht sein darf und die Ramsauer Protestanten sind. Er war ja ein strenger Katholik. Er hat aber gesagt: „Wißt's was: des muas eich so gleich sein, was ein Mensch für einen Glaubn hot, der woas scho selba, was er tuat. Wia wissn jo a net, ob wia in richtign Glaubn hom."

KIRCHENBANK

In der Kirche hat jeder seinen eigenen Platz gehabt. Links die Frauen, rechts die Männer. Wenn wer später gekommen ist, dann hat er drübersteigen müssen, damit er zu seinem Platz kam. Nachgerückt sind wir nicht, es ist eben immer jeder auf dem gleichen Platz gesessen. Auf den zwei Emporen waren außer den Sängerinnen fast nur Männer. Für den eigenen Platz in der Kirche mußte am Pfarramt jährlich eingezahlt werden. Diese Einzahlung ist Kirchenstuhllesung genannt worden.

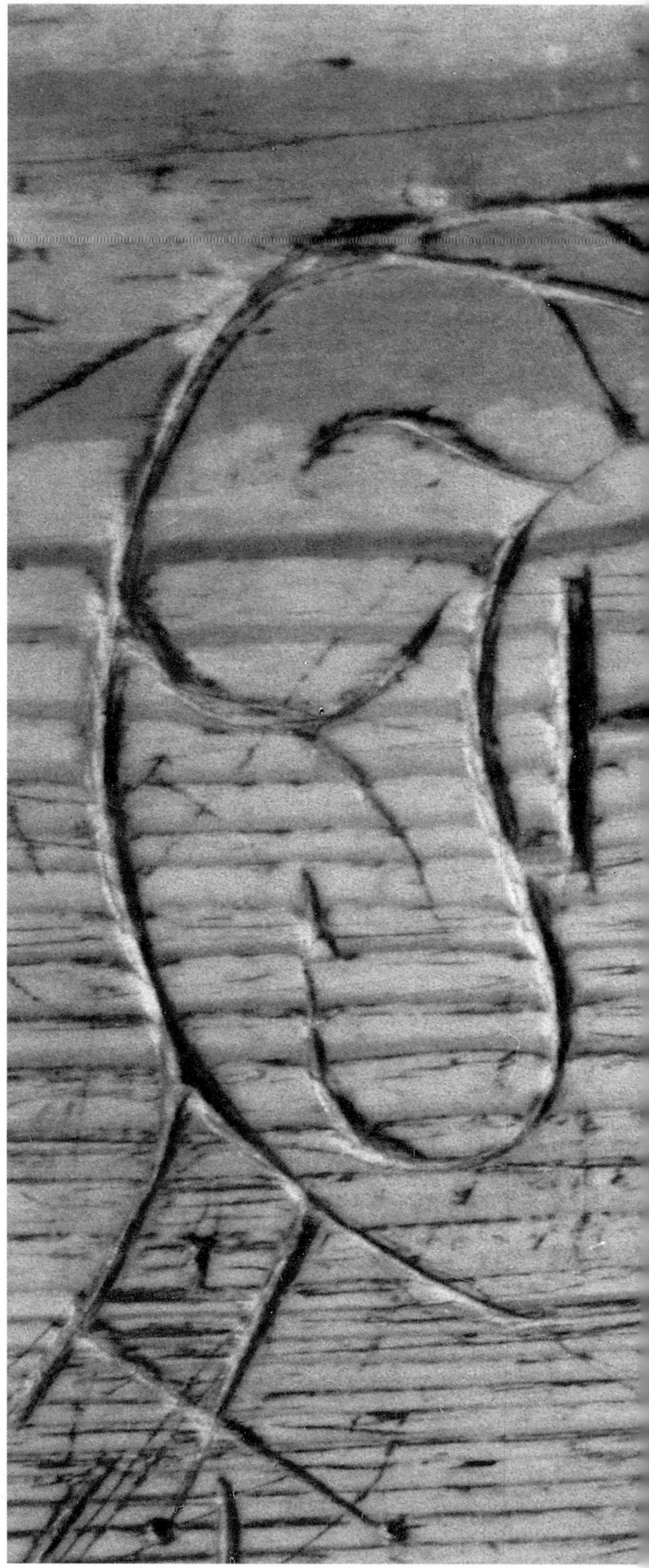

1884

AMEISENHAUFEN

Wenn man früher irgendwo eine tote Schlange gefunden hat, meistens Blindschleichen, hat man sie genommen und in einen Ameisenhaufen eingegraben. Nach zwei bis drei Wochen ist man dann wieder nachschauen gegangen, und da waren nur mehr die Glieder von der Schlange drinnen. Ganz feine, winzige Knocherln. Aus den ganz weißen Knochen hat man einen sehr schönen Rosenkranz machen können. Diese Rosenkränze haben nicht sehr lange gehalten, heute gibt es leider keine mehr. Die alten Rosenkränze hat man nicht weggeworfen, sondern meistens verbrannt, wenn man einen neuen gemacht hat.

FEUERSALAMANDER

Beim Gehen auf den Roßbrand zu meinem Ziehbruder Leonhard, der Hüttenwirt war, hab ich immer wieder Feuersalamander gesehen. Die habe ich geliebt. Vor der Radstädterhütte, da sind Sumpflöcher, in denen fühlen sie sich wohl. Wenn ich nach Hause gegangen bin, dann hab ich mich hingesetzt und sie beobachtet – oft stundenlang. So lange bin ich dort gesessen, daß es schon dunkel geworden ist, und zu Hause haben sie mich geschimpft, weil ich so lange ausblieb. Aber wenn ich den Feuersalamandern zugeschaut habe, hab ich die Zeit ganz vergessen.

SCHNURAUS

Das war früher ganz was Wichtiges beim Almabtrieb. Wenn die Bauern mit dem Vieh nach dem Sommer von der Alm heimgefahren sind, dann ist der Schnuraus gemacht worden. Aus Mürbteig oder Germteig, daraus werden lauter kleine Wuzerln gedreht, bis ein länglicher Nudel entsteht. Von dem werden kleine Stückerln heruntergeschnitten und dann im tiefen Schmalz herausgebacken. Oft waren das ganze Körbe voll, die die Sennerinnen getragen haben, wenn sie hinter dem Vieh hergegangen sind und den Schnuraus an die Leute verteilt haben. Das hat uns Kindern sehr gefallen. Der Schnuraus ist entweder noch auf der Alm gemacht worden, oder daheim, und ist auf die Alm getragen worden. Wir haben als Kinder immer gesagt: „Gemma Almabtrieb schaun, weil da kriagn ma an Schnuraus!"

BLEAMAL

Jeden Morgen hab ich die Kühe raus auf die Weide getrieben, einmal war es an einem Tag, an dem mir alles zu viel war. Ich war ganz verdrossen und hab mir gedacht, ich geh jetzt wieder da den Berg hinauf zu meiner Lieblingskuh und sag ihr alles, was mich so drückt. So bin ich hinaufgegangen, hab aber die Vermutung gehabt, die Kühe sind schon recht weit oben. Es war dann auch wirklich keine Kuh mehr zu sehen und auch keine Glocke zu hören. Auf einmal kommt meine Kuh, die Bleamal, über den Riegel und her zu mir. Ich hab ihr wieder einmal alle Sorgen erzählt und dann gesagt, sie soll zu den anderen Kühen gehen. Da hat sie sich umgedreht und ist zurückgegangen. Ich hatte sonst niemanden, dem ich mein Leid klagen konnte, als meine liebste Bleamal.

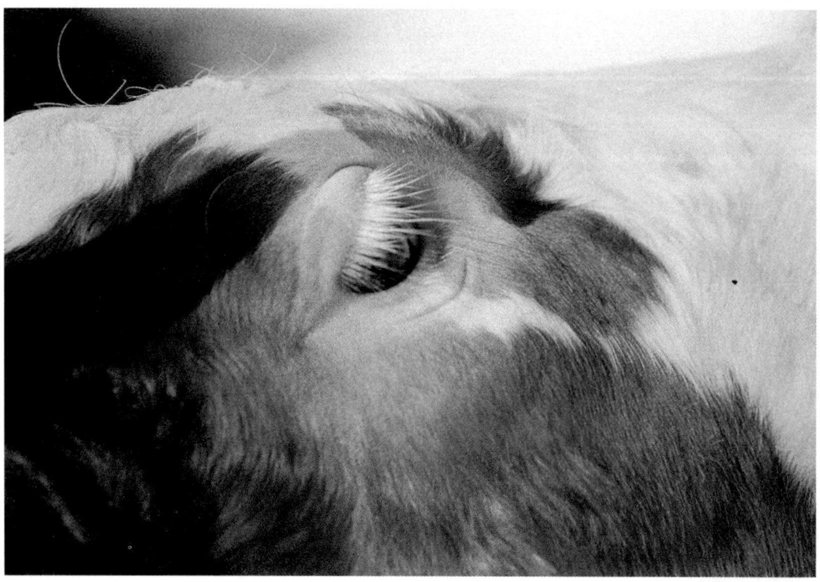

ROSS

Beim Pferd war es wieder umgekehrt als bei den Kühen, das hat nur auf meinen Mann gehört, er hat sich auch immer darum gekümmert. Wenn er nicht dabei war, ist das Pferd richtig ungut geworden. Da hat es alle möglichen Dummheiten gemacht: gebissen, geschlagen, nicht gegangen. Wenn er es gefüttert hat und Heu in den Trog gegeben hat, hat es brav gefressen. Aber kaum war er weg, hat es mit einem Schwung das ganze Heu aus dem Trog geschleudert.

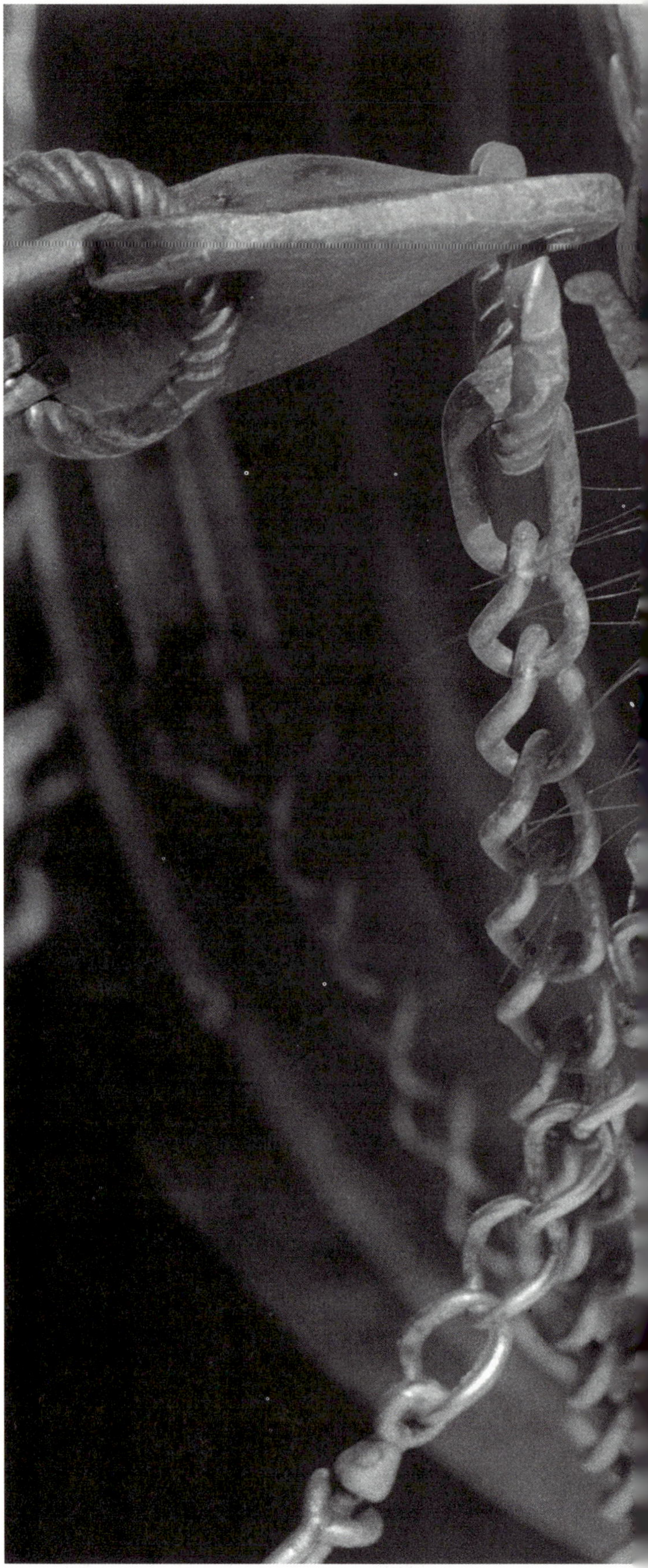

FLIADL

Das ist zum Aderlaß genommen worden, wenn ein Pferd vollblütig war. Bei Rindern ist das nie vorgekommen, aber bei Pferden hab ich es manchmal gehört, daß so ein Aderlaßfliadl verwendet worden ist. Mit dem Riemen bindet man den Hals ab, so daß die Schlagader rauskommt, dann legt man das Fliadl an – mit der Spitze auf die Ader – und haut mit Kraft drauf. Recht fest, damit die Haut durchbohrt wird, aber auch nicht so fest, daß die Schlagader auf der Innenseite verletzt wird, sonst verblutet das Roß nach innen. Nach etwa einem Liter Blut hat man aufgehört, die Stelle ist gleich wieder zugegangen.

TROKAR

Auf der Weide ist es oft einmal der Fall gewesen, daß eine Kuh zu viel gefressen oder ein schlechtes Kraut erwischt hat. Diese Kühe waren dann sehr aufgebläht und haben einen ganz harten Pansen bekommen. Der Tierarzt war sehr weit fort, und wenn man nicht rasch genug geholfen hat, war es um das Rind geschehen. In so einem Fall hat man ein Stechmesser genommen, um das eine Hohlnadel herum war. Einmal war es bei mir auf der Alm so, daß ein zweijähriger Stier „voi worden" ist, jetzt hab ich ihm mit aller Kraft den Trokar in die Hungerluckn bei den Lenden gestoßen. Die Hungerluckn ist die einzige Stelle, wo man einen Pansenstich machen kann. Das ganze Gas ist dann herausgepfiffen, bis der Druck weg war. Der Stier war wirklich gerettet. Zu dieser Zeit war ich Sennerin auf der Karalm bei St. Martin.

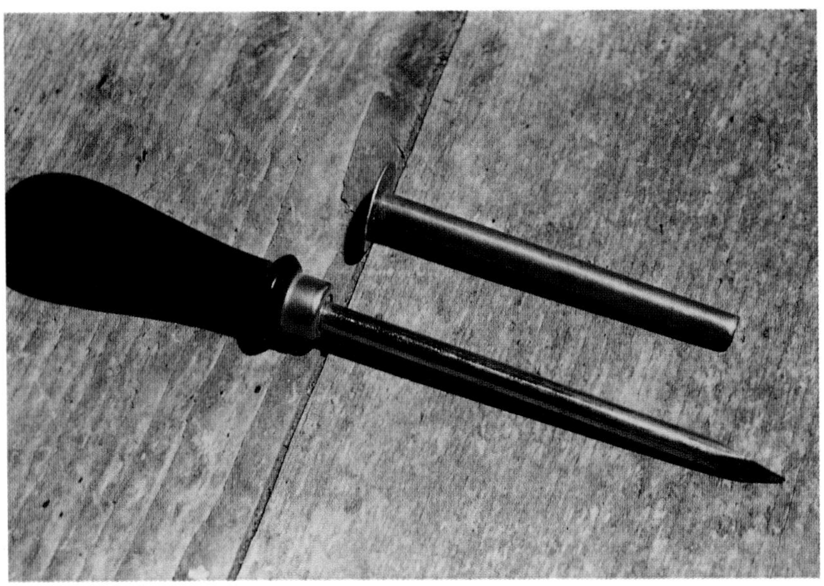

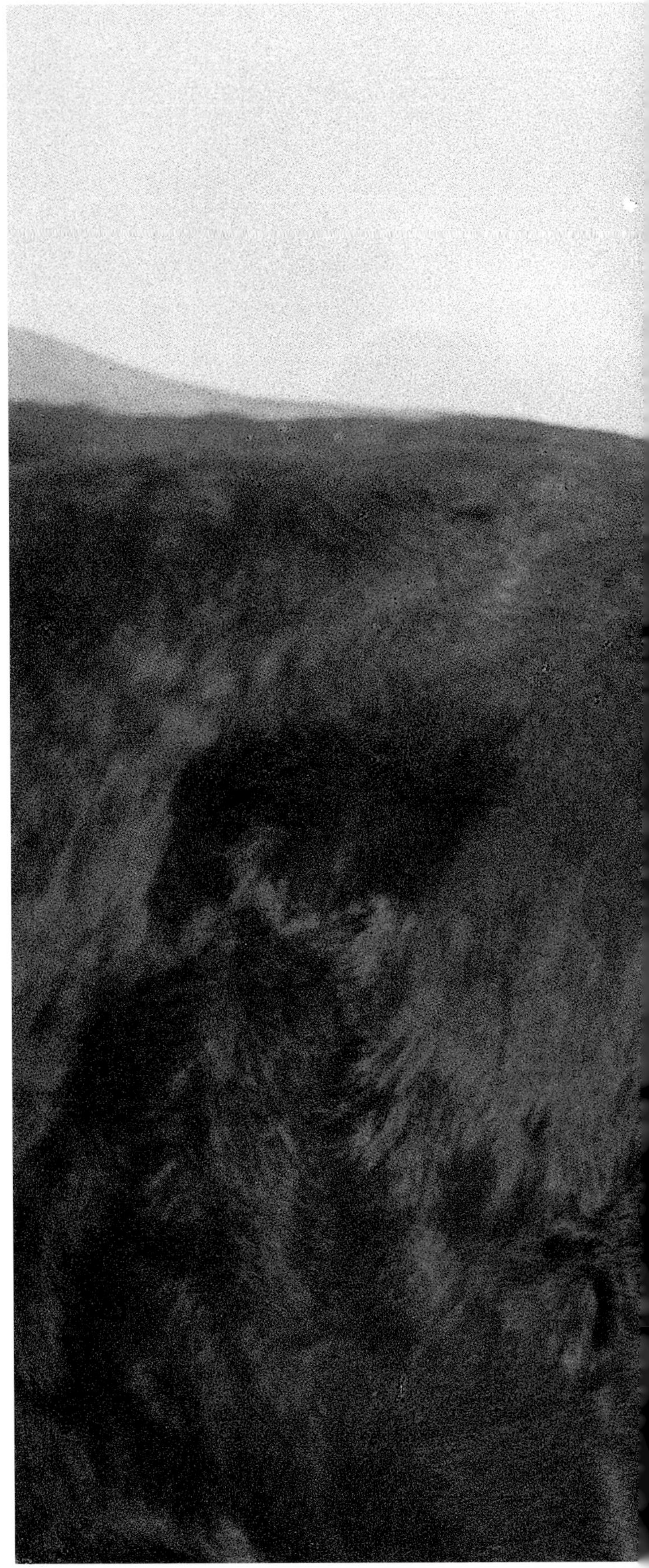

LAWINENSCHNEE

Immer wieder ist es passiert, daß Viecher auf der Alm verlorengegangen sind. Einmal ist ein Bauer zu uns gekommen und hat nach drei Jungstieren gefragt, die er nicht mehr gefunden hat. Ich hatte sie nicht gesehen, aber ich hab mir gedacht, daß ich die Stelle weiß, wo die Stiere hin sein können. Bei uns am Graben geht jedes Jahr eine Lawine ab, die dann im Frühjahr vom Wasser unterwaschen wird. Durch die Schneedecke kann man leicht einbrechen. Und genauso ist es gewesen, alle drei Stiere sind dort eingebrochen und umgekommen.

ZIEGEN

Früher haben hier fast alle Bauern Ziegen gehabt. Vor allem im Herbst werden diese Viecher unruhig, und es ist gar nicht zu glauben, wie weit die in ein paar Stunden herumkommen. Einmal haben wir bei uns hinter dem Haus so sechs oder sieben Ziegen bemerkt, aber wir haben uns nicht viel dabei gedacht, bis von der Steiermark wer nachgefragt hat, ob wir seine Ziegen gesehen haben. Die Tiere sind am Vormittag von der Ramsau bis zu uns hergekommen.

WOLLE

Einen Teil von unserer Wolle haben wir uns behalten und selbst verarbeitet. Den größten Teil haben wir aber zum Loden-Steiner nach Mandling gebracht und gegen fertigen Stoff eingetauscht. Dann ist der Schneider gekommen und hat Anzüge gemacht, für die Knechte und für meine Brüder. In dieser Zeit hat er bei uns gegessen und gewohnt.

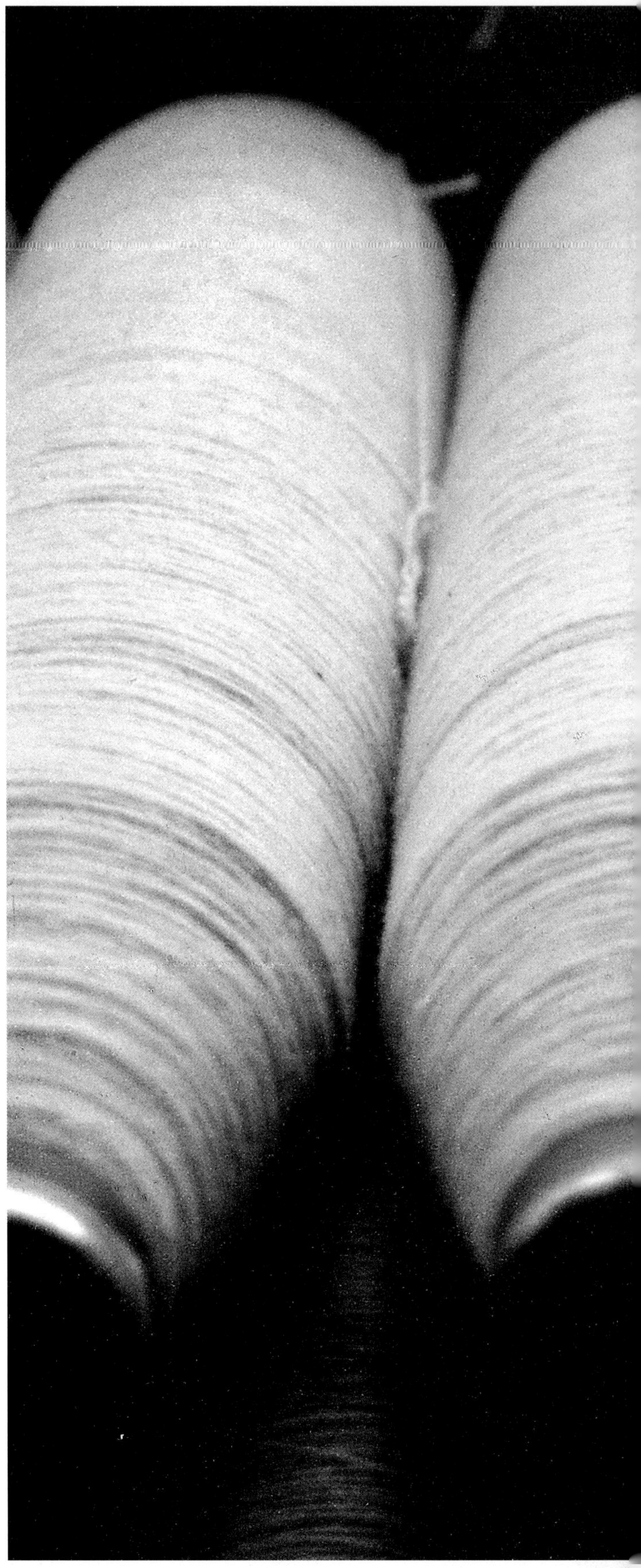

LEINTÜCHER

So wie der Schneider ist auch der Weber gekommen und hat so lange bei uns gewohnt, bis er mit der Arbeit fertig war. Die meisten Bauern haben einen eigenen Webstuhl gehabt, der für den Weber in der Stube aufgestellt worden ist. Das Leinen, das er gewoben hat, haben wir dann in der Wiese aufgebreitet, wenns geregnet hat, so ist es gebleicht worden; wenns nicht geregnet hat, haben wir es gießen müssen. In der Mitte war ein schmales Wegerl, damit man mit der Gießkanne hat durchgehen können. Hauptsächlich war das Bettwäsche oder Stoff über die Oberdecken.

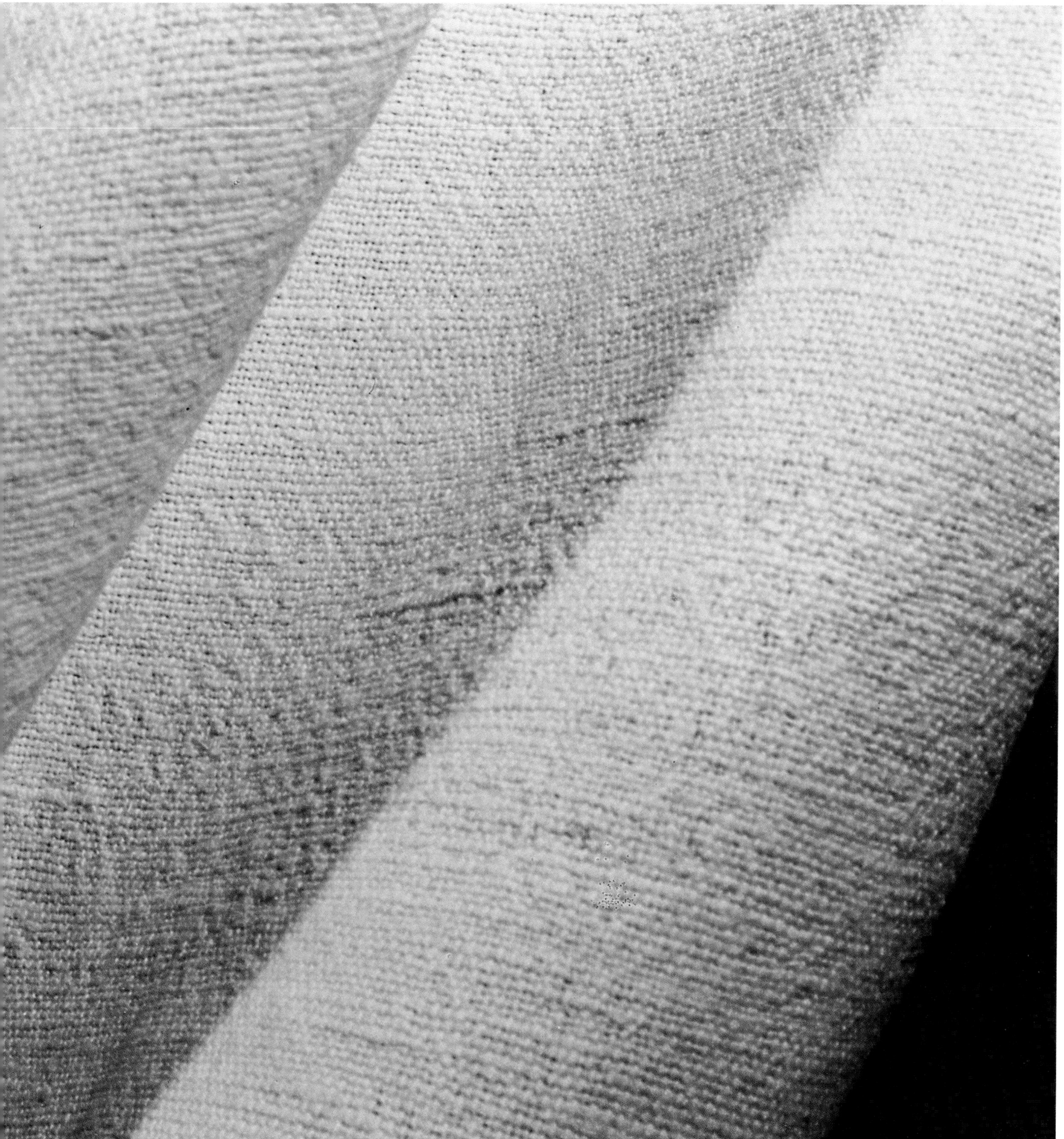

PLOIL

Wenn wir Wäsche gewaschen haben, haben wir die nassen Tücher nicht gleich zum Trocknen aufgehängt, sondern vorher noch so lange mit dem Ploil geschlagen, bis ein großer Teil vom Wasser draußen war. So ein Ploil war ganz schön schwer, wie überhaupt das Wäschewaschen alles andere als leichte Arbeit war. Eine große Erleichterung war es, wie wir dann eine gebrauchte Waschmaschine gekauft haben. Ich mußte aber dabei bleiben und ein- und ausschalten.

BÜGELEISEN

Mit dem alten Bügeleisen habe ich keine gute Erfahrung gemacht, immer ist mir von dem Kohlenrauch schlecht geworden. Das schönste Geschenk, an das ich mich zu der Zeit erinnern kann, war ein elektrisches Bügeleisen, das mir der Schmiedmeister gekauft hat. Ich hab eine unmögliche Freude damit gehabt, mir war beim Bügeln nicht mehr schlecht und schwindlig. So gern hab ich mein neues Bügeleisen gehabt, daß ich es in der Nacht mit ins Bett genommen hab.

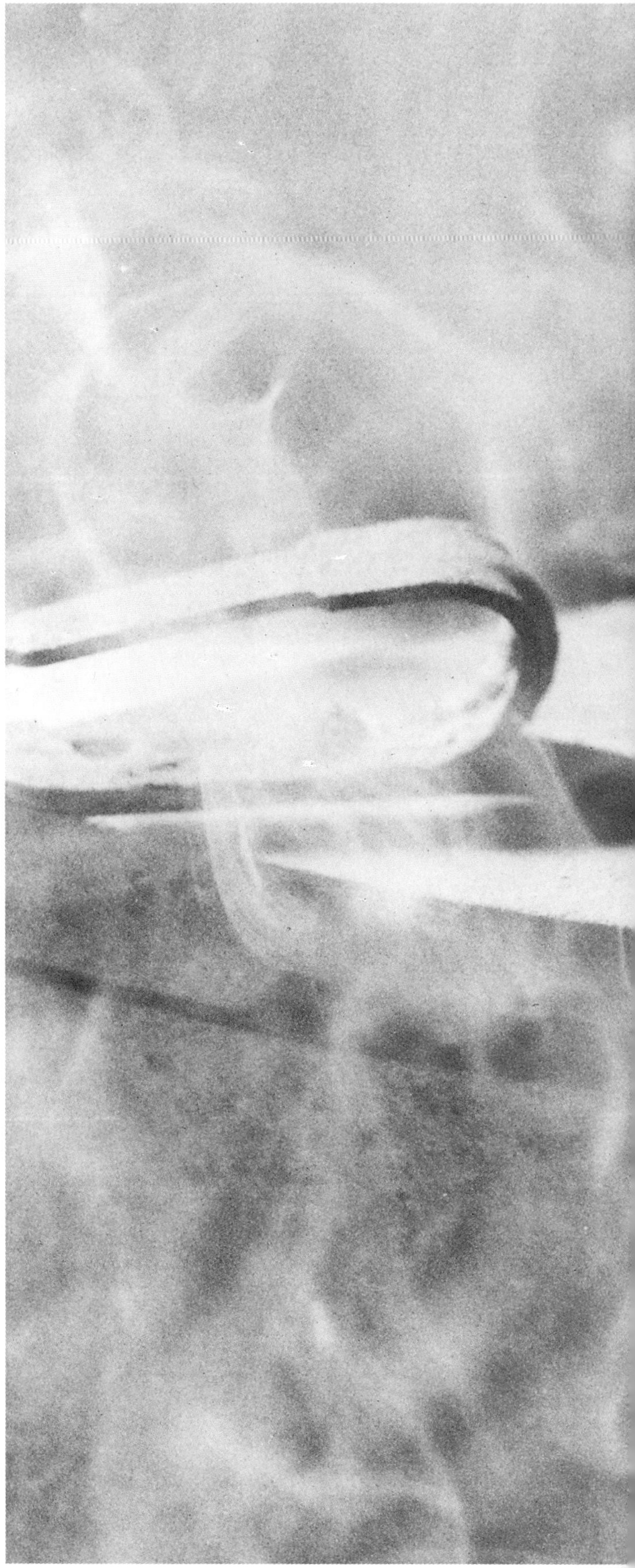

TÖPFE

Auf dem Herd ist immer ein großer Topf mit Wasser gestanden, so haben wir heißes Wasser gehabt, wenn wir es gebraucht haben, ohne daß es was gekostet hat. Sonst hat es ja kein Warmwasser gegeben. Rundherum um den großen Topf waren dann noch einige kleinere, und in jedem hat das Wasser eine andere Temperatur gehabt. Das war sehr praktisch und ich hab genau gewußt, welcher Topf wie heiß ist. Der große Topf, mit dem ganz heißen Wasser zum Abwaschen, der war schon ganz schwer, weil unser Wasser unmöglich kalkhältig ist. Da war eine zentimeterdicke Kalkschichte drinnen.

SCHNAPSBRENNEN

Wir haben hauptsächlich Vogelbeeren und Schwarzbeeren gebrannt. Das Ganze war mühsame Arbeit; wir haben so viele Beeren gesammelt, daß wir sie im Buckelkorb heimgetragen haben. Die Schwarzbeeren waren aber weiter vom Haus entfernt, sodaß wir sie nicht mit dem Korb heimtragen konnten. Jetzt haben wir sie an einer Stelle im Holzschlag gesammelt und mit dem Ochsen nach Hause geführt. Im Herbst ist der Schnaps gebrannt worden, nachdem alles gerebelt und geputzt worden ist. Dann sind die Beeren durch die Quetschmaschine gedreht worden und in ein großes 500-Literfaß gekommen. Die Meische mußte immer wieder umgerührt werden. Mit einem Spanlicht hat man immer probieren müssen, ob die Meische schon reif ist. Wenn der Span ausgegangen ist, hat man sie weiter stehenlassen und umgerührt. Erst wenn die Flamme weitergebrannt hat, war das Faß fertig zum Brennen.

HONIG

Meine Brüder und mein Vater haben immer Bienenstöcke gehabt und den Honig auch selbst geschleudert. Honig war das einzige, wovon wir wirklich viel gehabt haben. Der Vater hat den Schnaps mit Honig gesüßt und mit etwas Wasser verdünnt. Das war ein wenigprozentiges Getränk, von dem jeder nehmen konnte. Zu jeder Zeit hat er zu uns gesagt, wir sollen vom Honig essen. Der ist immer in einem blauen Schüsserl auf der Anrichte gestanden. Darum hab ich es mir bis heute angewohnt, in alle Getränke Honig oder Zucker zu geben. Statt dem Zucker, den es ja bei uns noch nicht gegeben hat, haben wir auch zum Backen Honig verwendet. In der Schnittzeit war es Brauch, daß man Honigkrapfen gegessen hat. Dafür ist Butter und Honig zugleich warm gemacht und über die Krapfen gegossen worden. Überhaupt kommt es mir so vor, daß es früher mehr Honig gegeben hat, weil auf den Wiesen mehr Blüten waren. Die Bauern können durch das Düngen heute viel früher mähen, und so können die Samen von den Blumen nicht rechtzeitig ausfallen.

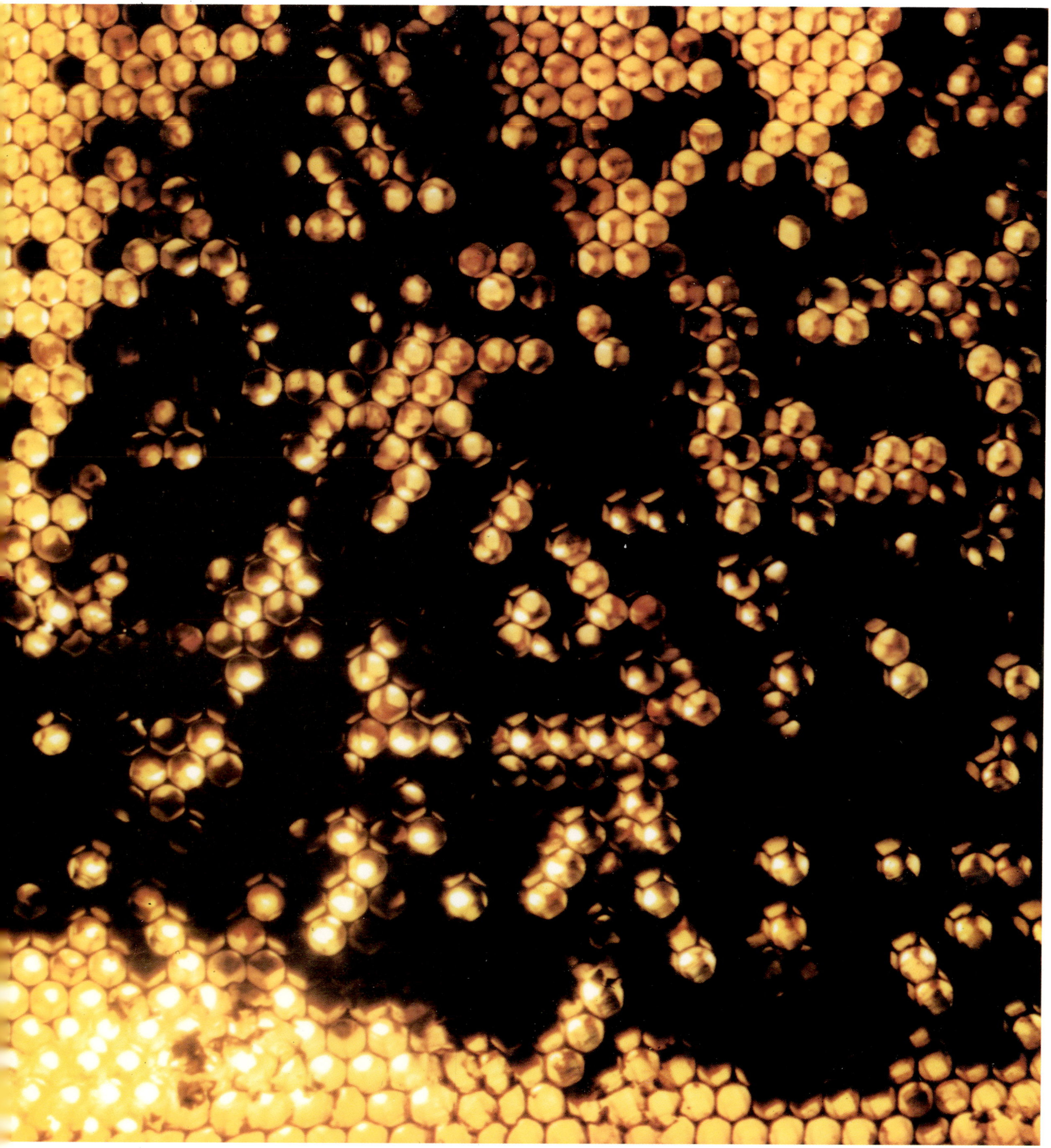

KARTOFFELKÜBEL

Unser altes Haus hat noch kein Fundament gehabt. Im Winter ist die Kälte durch den Boden und die Wände ins Haus gekommen. Auch durchs Heizen ist es nicht warm geworden, überhaupt wenns gestürmt hat. Ich hab damals zu Weihnachten einen Eimer Kartoffeln geschenkt bekommen, weil im letzten Frühjahr konnte ich nichts anbauen, da ich den Hof erst im Sommer übernommen habe und gar keine Vorräte gehabt hab. Und einmal hab ich vergessen auf den Eimer und ihn bei der Wand stehen lassen. Wie ich am nächsten Tag in die Küche gekommen bin, da waren die Kartoffeln beinhart gefroren!

OBSTBÄUME

Ganz dicht beim Haus hat mein Mann die Obstbäume gesetzt, damit sie gegen Wind und die Kälte besser geschützt sind. Wir haben Apfel- und Birnbäume, aber auch zwei Kirschbäume. Die haben schöne Kirschen, aber es dauert oft bis in den September hinein, bis sie reif werden. Manchmal holt sie schon der Frost, bevor sie zu essen sind. Bei uns heroben haben manche Bauern Obstbäume, unten im Tal gibt es fast keine, dort ist es zu kalt dafür.

NEBEL IM TAL

Im Herbst ist es oft der Fall, daß an schönen Tagen unten im Dorf bis zum halben Oberberg so ein richtiger See vom Nebel ist. Bei uns heroben scheint noch die Sonne, im Dorf ist schon die Kälte und sie haben auch keine Sonne mehr. Das hat mir immer schon sehr gut gefallen, von oben auf dieses Nebelmeer zu schauen.

GIB UND GAB

Daß ein Hochwetter gekommen ist, das war bei uns „gib und gab". Aber ich hab mich davor immer so gefürchtet! Einmal hat gleich neben unserem Haus der Blitz in den Palmbaum eingeschlagen, daß der gleich zum Brennen angefangen hat. Zum Glück hat es auch stark geregnet, und das Feuer war bald wieder gelöscht. Auch heute hab ich noch große Angst davor.
Mein Ziehbruder Georg hat mich öfters mit auf die Jagd genommen. Wir sind auf einem Hochsitz gewesen und haben gesehen, daß ein Hochwetter aufzieht. Er hat gesagt, wir müssen runter vom Hochsitz in die Buschen rein. Aber das waren lauter kleine Lärchen, und zu denen, hat er gesagt, dürfen wir auch nicht hin. Jetzt sind wir in einen Jungwald, er hat sich dort hingesetzt, ich bin aber noch weiter zu den kleinen Bäumen reingekrochen. Auf einmal hat es geblitzt und gekracht zugleich, und ich hab gesehen, daß mein Ziehbruder den Hang runterkugelt! Ich hab geschrieen und bin ihm nachgelaufen. Er ist dort gesessen und hat kein Wort reden können, weil er so erschrocken ist. Außerdem hat ihm der Fuß sehr weg getan. Ich hab mir so gewünscht, daß er wieder reden kann! Es hat neben ihm in eine Lärche eingeschlagen, als wir uns untergestellt hatten. Er hat dabei gejausnet und auf dem Oberschenkel Speck geschnitten, dadurch hat es ihn dort erwischt. Er hat dann aber wieder aufstehen und nach Hause gehen können, aber die Stelle hat er noch lange gespürt. Zuhause haben wir kein Wort davon erzählt. So ein Hochwetter ist bei uns „gib und gab" – das hat's gegeben und wird's auch immer wieder geben.

SCHNEEDECKE

Im Winter war viel davon abhängig, ob die Schneedecke einen getragen hat, oder ob man bis zum Bauch eingesunken ist. Vor allem im Hochwinter war es oft so, daß man nirgends hingehen hat können, wo noch keine Spur war. Erst dann im Frühjahr ist es „harschtig" geworden, da bricht man kein bissl mehr ein und kann wieder überall hingehen, zu den Nachbarn oder auf die Alm. Auch die Tage werden dann schon länger – ich habe mich immer sehr gefreut, wenn ich wieder hinaus können hab. Man hat sich auch viel Zeit erspart, wenn man über den Harscht gegangen ist. Dadurch war es auch schon möglich, das frühere Postauto zu nehmen.

MARDERJAGD

Dabei hat mich mein Bruder immer mitgenommen. Man muß die Spur im Schnee suchen und nachgehen, bis sie bei einem Baum aufhört. Dazu muß guter Neuschnee, auch im Wald, liegen. Man muß genau schauen, ob er wirklich auf den Baum, und nicht auf einen anderen hinübergeklettert ist. Ich hab mit einem Prügel auf den Baum klopfen müssen, damit der Marder herunterklettert. Beim Runterklettern sind die Marder nicht so schnell, und da hat mein Bruder dann Gelegenheit gehabt, ihn abzuschießen. Den Balg haben wir gut verkaufen können. Heute seh ich das Ganze mit anderen Augen, aber früher war es gib und gab, daß man jagen gegangen ist, um was dazuzuverdienen. Heute ist das sicher nicht mehr notwendig.

BINDBAM

Beim Heuaufladen sind wir links und rechts vom Wagen gegangen und haben mit einer breiten Holzgabel das trockene Heu aufgeladen. Der Futtertreter oben am Wagen hat viel zu tun gehabt, überhaupt im Steilen, damit die Fuhre in der Waage bleibt und das Futter schön breit liegt. Er hat das so ausbreiten müssen, daß, wenn die Kehre gekommen ist, das Futter nicht auf die andere Seite fällt und der Wagen kippt. Da war viel Geschick notwendig. Oben ist dann der Bindbam draufgelegt und niedergebunden worden.

KORN

Bei uns ist es Brauch gewesen, daß sich die Bauern gegenseitig ausgeholfen haben, wenn das Korn zum Schneiden war. Bei manchen Bauern kamen zehn, zwölf Schnitterinnen zusammen, bei uns waren es höchstens drei. Dafür haben die Kinder sehr viel mithelfen müssen, sie haben die Garben zusammengetragen und gebunden. Die Buben haben die Hifler – die Kornmandeln – aufgestellt. Da haben die Kinder nicht viel zu lachen gehabt, aber wir haben uns dafür zusätzliche Schnitterinnen erspart.

SICHEL

Bei der Ernte haben wir nur selten eine Sense verwendet, da ist das Getreide viel zu sehr verstreut worden, als daß man Garben hätte machen können. Mit der Sichel ist mit dem Getreide viel behutsamer umgegangen worden als mit der Sense. Das Schneiden war zwar langsamer, aber das Garbenbinden ist dafür wieder schneller gegangen. Außerdem sind weniger Körner ausgefallen. Mühselig war es, das Kreuz haben wir am Abend nicht mehr gespürt, weil wir den ganzen Tag so halb gebückt gestanden sind. Heut muß ich mich oft noch so wundern, daß wir das durchgehalten haben! Um sieben haben wir angefangen, grad noch Mittaggegessen und dann bis nach sechs am Abend weitergearbeitet.

GABELN

Eisengabeln haben wir nur für die schweren Sachen genommen, für den Mist und fürs Streuunterbreiten. Auch am Feld haben wir lieber mit der Eisernen gearbeitet. Die Holzgabeln sind vor allem im Sommer und für das trockene Heu verwendet worden. Wenn das Heu feucht war, ist die Arbeit mit den Holzgabeln nur sehr zäh gegangen. Eine Gabel haben wir immer dabei gehabt, das war ein ganz wichtiges Werkzeug. Es hat auch jede Gabel einen eigenen Namen gehabt. Die breite – die Aufleggabel, eine schmälere – die Anstreugabel, mit der man hinter dem Mäher hergegangen ist. Jeder hat danach getrachtet, seine eigene Gabel zu haben, man gewöhnt sich ja an das Werkzeug.

AHORN

Hinter unserem Wirtschaftsgebäude, da steht ein Ahornbaum, das ist ein besonders schöner Baum! Der hat mehrere Stämme rauf, und in der Mitte ist ein hohler Teil, ganz wild verwachsen ist der. Seit ich am Haidegg bin, ist der Baum gleichgeblieben. Der Baum bedeutet mir ganz viel. Im Frühling, wenn er geblüht hat, war er voller Bienen und hat auch wunderbar geduftet. Beim Straßenbau hab ich viel Sorge gehabt, daß er umgeschnitten wird. Wir haben auch das Laub für den Stall zum Einstreuen genommen, also haben wir auch einen praktischen Nutzen davon gehabt.

KNÜTTELN

Diese ungleich starken Zweige waren für uns wichtiges Brennholz. Ich bin oft in den Wald gegangen und habe Knütteln zusammengeklaubt und auf einen Haufen gelegt. Dann haben sie entweder der Hans mit dem Traktor oder ich mit der Scheibtruhe zum Haus geführt. Dort sind sie von mir in die richtige Länge gehackt worden. Dabei war es wichtig, daß man den Knüttel auf die Kante vom Hackstock gelegt hat und mit einem Schlag abgehaut hat. Heute noch muß ich mich zurückhalten, daß ich die Äste im Wald liegenlasse, es tut mir weh, wenn sie herumliegen und keiner braucht sie mehr.

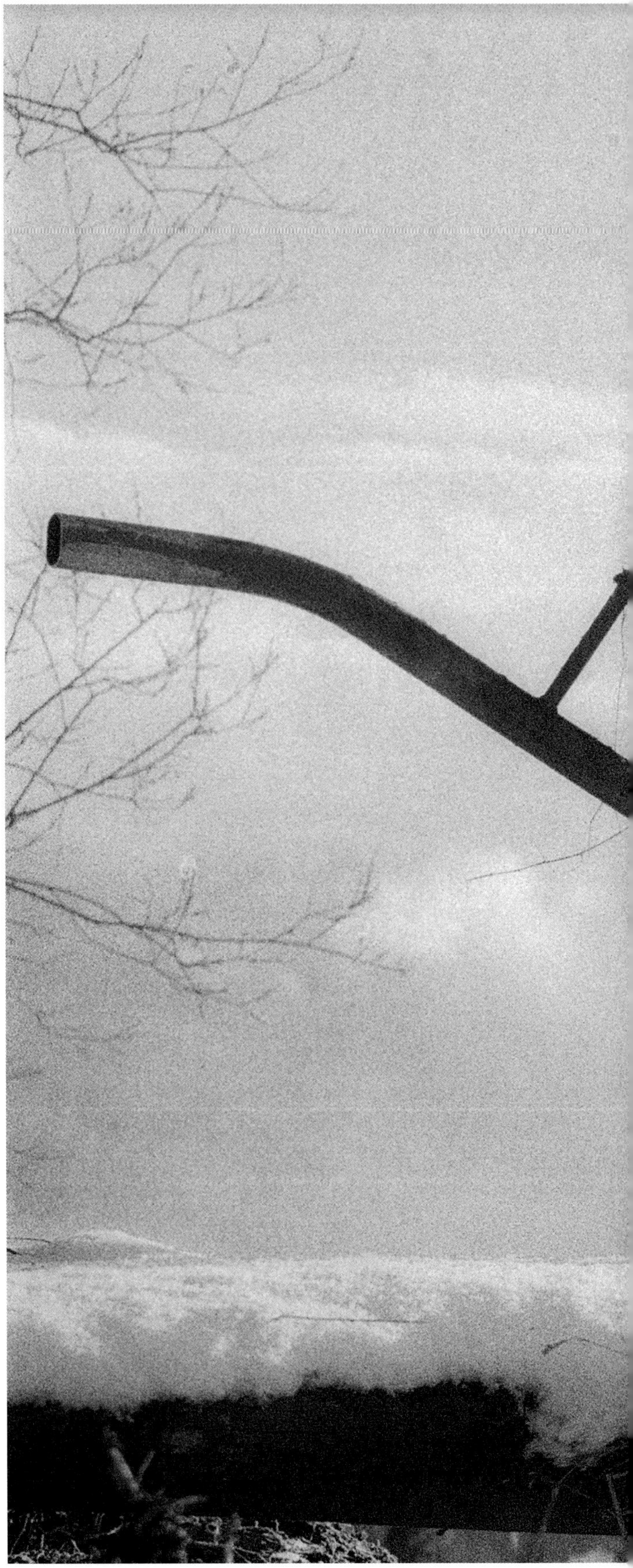

HOLZHACKEN

Beim Holzhacken war es nicht nur wichtig, daß man Kraft hatte, sondern auch, daß man die Arbeit richtig anging. Ohne das richtige Wissen um die Arbeit ging gar nichts, man vergeudete nur seine Kraft und gefährlich war es auch. Leicht konnte es passieren, daß ein Hieb fehlging und eine schlimme Verletzung zustande kam.

SCHLOAPFN

Im Winter ist alles mit dem Schlitten transportiert worden. Große Holzstämme hat man liegen gelassen und auf den Schnee gewartet. Die Stämme für unser Haus haben wir so geführt. Die sind vorne auf einen kurzen, starken Schlitten gelegt worden und hinten im Schnee geschliffen. „Auf da Boz schleifn" haben wir das genannt. Manchmal hat man die Stämme aber auch hinten auf einen „Schloapfn" gelegt. Das war wieder ein kleiner Schlitten, wie ein Anhänger. Als Zugtier haben wir zuerst nur eine Kuh gehabt, dann einen Ochsen, dann ein Roß, ganz später dann die Seilbahn und den Traktor. Das war schon ein großer Fortschritt. Kleinere Schlitten hat man selber gezogen, das haben aber nur starke Männer gemacht.

GIASCHTN UND HOUG

Giaschtn sind Feldzäune, die nur aus kleinen Holzstückerln zusammengesetzt waren. Meistens hat man gutes Holz von Lärchen und Fichten dazu genommen. Die Giaschtn ist in den Boden eingeschlagen worden und richtiggehend geflochten worden. Das war viel Arbeit, aber es war ein solider Zaun, der auch die Tiere gut abgehalten hat.
Ein Houg ist ein Stangenzaun zwischen Feld und Weide. Die Stangen sind direkt vom Wald genommen worden, meistens waren es Dürrlinge. Zaunaufstellen war eine ganz schwere, aber auch sehr wichtige Arbeit. Nägel hat man erst später dafür verwendet, früher hat man die feinen Äste von den Fichten genommen und die Kreuzstellen umringelt. Die Ringe haben wir Reidlinge geheißen.

SCHWARTLING

Wenn aus Stämmen Balken geschnitten worden sind, dann sind Bretter übriggeblieben. Wir haben diese Außenbretter für den Plankenzaun verwendet, der um den Garten herum war.

Mit all diesen Zäunen waren nicht nur die Felder, die Weiden und der Garten eingezäunt, sondern auch die ganze Alm.

Das hat sich dann ganz geändert, wie der Stacheldraht aufgekommen ist. Wenn auch die Arbeit viel schneller und leichter geht, mir gefällt er nicht so gut. Bei uns auf der Alm haben wir gerade einen Drahtzaun aufgestellt, wie ein Hochwetter gekommen ist. Wir haben es übersehen und sind überrascht worden. Der Blitz hat in den Draht eingeschlagen, so daß wir gleich weggeflogen sind, obwohl wir ihn gar nicht berührt haben.

MEINE FICHTE

Das war ein Baum mit einer riesigen Wurzel, die war so groß wie eine schöne Bank. Man hat sich ganz bequem hinsetzen können, das war mein Platzerl beim Rasten, wenn ich ins Dorf gegangen bin. Die Fichte ist mir so richtig ans Herz gewachsen. Ein Sturm ist bei uns am Oberberg oft gegangen, aber ich hab immer geglaubt, daß meiner Fichte kein Wind was anhaben kann. Einmal bin ich nach so einem Sturm wieder ins Dorf hinunter gegangen und hab mir gedacht, daß die Bäume heut so licht stehen. Wie ich weiter runtergegangen bin – oh du Schreck –, meine Fichte hat es über die riesige Wurzel gedreht und umgerissen. Da hab ich etliche Tränen vergossen. Was das für Naturgewalten sein müssen!

BAUMSCHWAMM

An der Grenze zu unserem Nachbarn war ein Baum, der einen wunderschönen, großen Schwamm getragen hat. Ich hab mir gedacht, den werd ich mir schon hüten, nicht daß er wem auffällt, der ihn dann wegnimmt. Oft hab ich in der Nacht Angst gehabt, daß am nächsten Tag der Schwamm nicht mehr da ist. Ich hab den Baumschwamm daraufhin mit Gras und Heu zugedeckt, aber nach drei Wochen bin ich wieder vorbeigegangen und erschrokken, weil der Schwamm nicht mehr da war. Ich hätte es nicht zusammengebracht, ihn wegzunehmen.

SCHREIBEN

Erst durch eine Serie im Rundfunk und die Bücherreihe im Böhlau Verlag „Damit es nicht verlorengeht . . ." bin ich auf den Gedanken gekommen, meine Erinnerungen aufzuschreiben. Mit der Zeit hab ich dann erkannt, wie viel mir das Schreiben bringt. Auch wenn es mir sonst nicht immer gut zu Mute war oder wenn mich etwas bedrückt hat, und ich setzte mich hin mit Bleistift und Papier, konnte ich viel von der Seele abladen. So komme ich auf andere Gedanken und hab den Kummer und das Leid, das ich in mir gehabt habe, verloren. Ganz schön ist es auch, daß ich durch mein Schreiben vielen Leuten helfen hab können und viele kennengelernt habe. Das war für mich das wichtigste, daß ich viel unter die Leute komme!
Oft schreib ich aber auch ganz allein für mich, das bleibt aber im Verborgenen. Seit drei Jahren führe ich auch Tagebuch, auch das bedeutet mir sehr viel. Immer kann ich nicht schreiben, da fang ich an zu stricken. Dann hab ich im Kopf wieder Zeit dazu, meine Gedanken zu ordnen. Ich kann dabei im Geiste einen meiner vielen Briefe vorbereiten. Wenn es ein kompliziertes Strickmuster ist, braucht es meine ganze Aufmerksamkeit, und ich denke auch einmal an nichts anderes als ans Stricken. Ich kann nicht schreiben und ans Stricken denken, aber ich kann oft stricken und ans Schreiben denken. Dem Schreiben habe ich viel zu verdanken.

ZOPF

Meinen Zopf mach ich mir jeden Tag neu. Am Abend gebe ich die Nadeln und den Kamm heraus und lasse die Haare herunter. In der Früh muß ich sie dann kämmen und mach mir einen neuen Zopf. Manchmal gelingt er gut, manchmal weniger. Dazu brauch ich zwanzig Minuten, ich mach das jetzt schon seit meinem vierzehnten Lebensjahr so. Mein Lebtag war ich nie bei einem Friseur.

LANGLAUFEN

Alpinschifahren war mir zwar bedeutend lieber, aber mein Schwiegersohn war ein begeisterter Langläufer. Früher hat es das bei uns nicht gegeben, aber er hat mich dazu gebracht. In Radstadt und vor allem in der Ramsau sind wir viel gelaufen. Auch bei Seniorenrennen hab ich mitgemacht und auch ein paarmal gewonnen. In meiner Altersklasse waren auch viel Jüngere als ich, die meisten gar fünfzehn Jahre. Damals war ich doch schon an die achtzig Jahre alt. Es hat mir trotzdem großen Spaß gemacht.

WEIHNACHTEN

Jedes Jahr zu Weihnachten kommen für mich auch traurige Gedanken, weil mein lieber Sohn Seppi um diese Zeit gestorben ist. Einmal war es am heiligen Abend so, daß ich ganz verzagt war. Deshalb hab ich mich angezogen und bin hinaus in die Nacht gegangen. Es war so eine sternenklare Nacht, und auch der Schnee hat mich getragen, daß mir schon viel leichter ums Herz war. Ich bin dann bis hinauf in die Sulzenalm gegangen. So hab ich es geschafft, daß ich mich wieder so richtig glücklich gefühlt habe.

BISCHOFSMÜTZE

Nach dem Krieg bin ich nie wieder richtig zum Bergsteigen, ja nicht einmal zum Wandern gekommen. Ich hab auch gar nicht mehr dran gedacht, daß ich wieder einmal irgendwo hinaufsteige. Erst bei einem Interview habe ich wieder den Gedanken gehabt, auf meinen Berg, die Bischofsmütze, zu gehen. Es hat mich dann gleich ein Bergführer angerufen und sich angeboten für diese Tour. Das war der Walter Unterberger. Wir haben uns einmal getroffen und gleich gut verstanden. Aber das Wetter war schlecht, geschneit hat es im September, ich hab in diesem Jahr gar nicht mehr damit gerechnet. Im Oktober ist aber der Südwind gekommen und hat die Mütze freigemacht. Jetzt hab ich den Walter angerufen und gefragt, ob er am nächsten Tag Zeit hat. Und gleich in der früh waren wir schon unterwegs. Beim Gehen sind mir die Gedanken gekommen, wie wir früher da rauf gelaufen sind, ohne viel nachzudenken, einfach zum Spaß nach der Arbeit. Jetzt war mein Schritt schon viel langsamer. Dafür bin ich der Natur und Umgebung gegenüber viel reifer und bewußter. Aber trotz meiner achtzig Jahre hab ich keine Probleme mit dem Klettern gehabt. Damals ist meine Freude am Bergsteigen wieder voll aufgelebt.

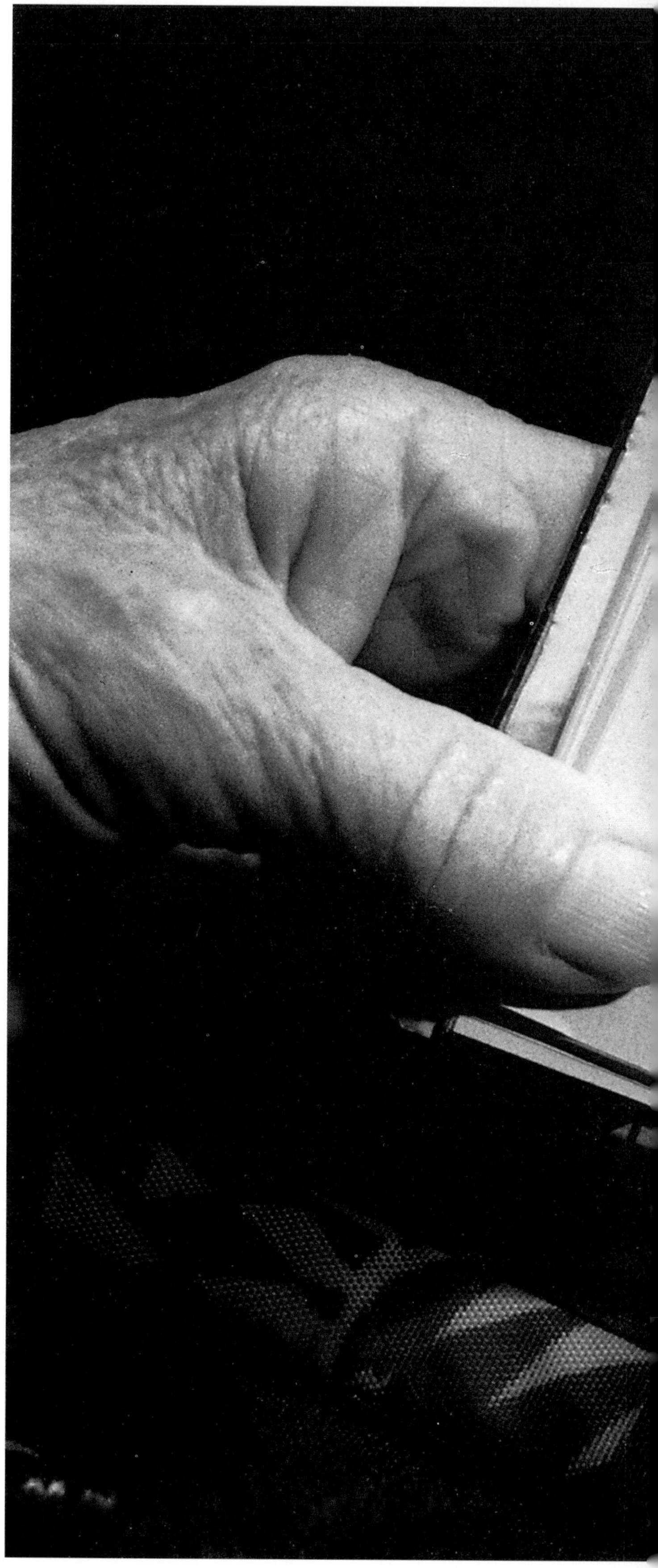

12 Oktober 1990
mit meinem
Bergführer
Walter Unterberger
auf dem
Gipfel!
Barbara

SÜDWAND

Schon lange war es ein Wunsch von mir gewesen, irgendwann auf den Großvenediger zu gehen. Auch wenn ich nie richtig dazu etwas getan hätte, so hab ich doch immer wieder davon geträumt. Was im Herzen voll ist, geht im Mund bald über, so hab ich einigen Leuten, die mich am Haidegg besucht haben, von meinen Plänen erzählt. Aber viele von denen, die schon oben waren, haben mir gesagt, ich solle mir die Flausen aus dem Kopf schlagen, viel zu alt wäre ich schon dazu. Jetzt war ich einen Tag lang verzagt, aber am nächsten Morgen war die Idee schon wieder da. Am 18. August 1993 hat mich mein Bergführer, mit dem ich schon auf der Bischofsmütze war, angerufen, er will mit mir auf den Dachstein gehen, weil so schönes Wetter ist. Das war ein wunderschönes Erlebnis und ich hab eine unmögliche Freude gehabt. Aber oben sind mir dann wieder Gedanken gekommen an meinen Bruder, mit dem ich die Dachsteinsüdwand durchstiegen habe. Da waren Freude und Leid ganz eng beieinander. Beim Runterfahren hab ich meinem Bergführer von meinen Plänen über den Großvenediger erzählt. Er hat wohl auch gemerkt, daß ich mich mit ihm sehr sicher fühle und hat sich gleich angeboten, mit mir zu gehen.

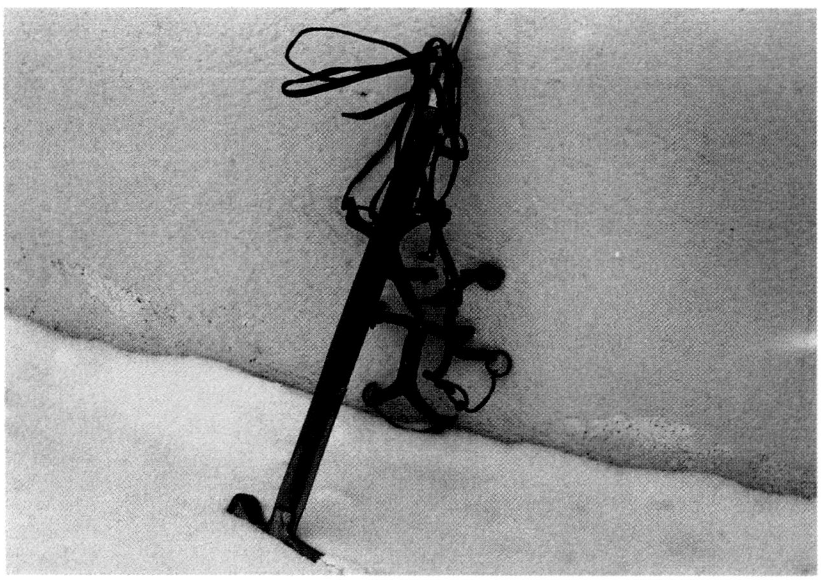

GROSSVENEDIGER

Wie bei der Dachsteinbesteigung hat mich am Vortag mein Bergführer angerufen und gesagt, daß am nächsten Tag, dem 2. September, das Wetter grad richtig wär. Ich hab sofort eingewilligt. Am nächsten Tag wollten wir schon früh los, aber es sind verschiedene Sachen dazwischengekommen. Der Walter hat gemeint, wir haben trotzdem noch Zeit, wir wollten ja nur bis zum Defreggenhaus aufsteigen. Um halb zwei sind wir dann erst weggegangen und waren gegen fünf am Nachmittag am Defreggenhaus. Beim Aufstieg ist uns eine Gruppe entgegengekommen, ihr Bergführer hat mir schon fast den Mut genommen, weil er gesagt hat, daß morgen das Wetter schlecht wird. Ich hab es gar nicht glauben können, weil es so schön war. Auf der Hütte oben haben wir Tee getrunken und eine warme Suppe gegessen. Da hab ich schon bemerkt, daß der Walter keine Ruhe hat. Dauernd ist er aus dem Haus nach dem Berg und dem Wetter schauen gegangen. Nach einiger Zeit ist er reingekommen und hat gemeint, wir sollten heut schon gehen soweit wir kommen. Mir war das recht, ich hab mich auch gut gefühlt. Schnell waren wir beim Gletscher und sind gegangen, ohne daß wir bemerkt haben, daß es schon Nacht war. Es war so hell, wie der Vollmond aufgegangen war, eine herrliche Nacht. Und wir sind einfach weiter gegangen, ohne viel zu reden, und um halb zehn waren wir am Gipfel. Der letzte Grat war schmal und eisig, wir haben angeseilt. Das Gipfelkreuz hat einen Strahlenkranz aus Eiszapfen gehabt. Nach einer halben Stunde sind wir wieder hinuntergegangen, und um zwölf waren wir schon wieder auf der Anhöhe über dem Defreggenhaus. In der Hütte konnten wir unsere Freude noch so richtig genießen. In der selben Nacht hat es noch schuhtief geschneit, wir sind im Neuschnee hinuntergegangen.
Im selben Monat war ich nocheinmal am Großvenediger, wieder mit meinem Bergführer und den Filmleuten von „Land der Berge". Oben am Gipfel hab ich wieder dieses Erlebnis gehabt wie auch am Dachstein und beim ersten Mal auf dem Großvenediger: das Gefühl, daß ich keinen Boden mehr unter den Füßen habe. Ich spür nichts mehr unter mir. Das ist so ein herrliches Gefühl, ein glückseliges Schweben. Ich kann keinem Menschen beschreiben, wie das ist.

ALMWEG

Keinen anderen Weg habe ich in meinem Leben so oft begangen wie den vom Haidegg zu unserer Alm. Auf diesem Weg, man geht ungefähr zwanzig Minuten, kenne ich jeden Stein, jeden Baum, jede Wurzel und jede Blume zu jeder Jahreszeit. Seit ich auf dem Haidegg bin, also seit 1946, bin ich zur Almzeit jeden Tag ein paarmal diese Strecke hin- und zurückgegangen. Auch heute gehe ich sehr gerne hinüber zu unserer Alm, und unterwegs kommen mir viele Erinnerungen wieder ins Gedächtnis. Er hat sich auch nicht stark verändert, aber jede neue Kleinigkeit fällt mir sofort auf. Wenn ein Ameisenhaufen auf einer anderen Stelle ist, wenn die Schwarzbeeren reif werden, wenn der Bach Hoch- oder Niederwasser hat, wenn ein anderer Geruch im Wald und auf den Wiesen ist. Ich kann „meinen" Weg ruhig als einen Teil meines Lebens bezeichnen, er hat mich durch schlechte und gute Zeiten geführt.

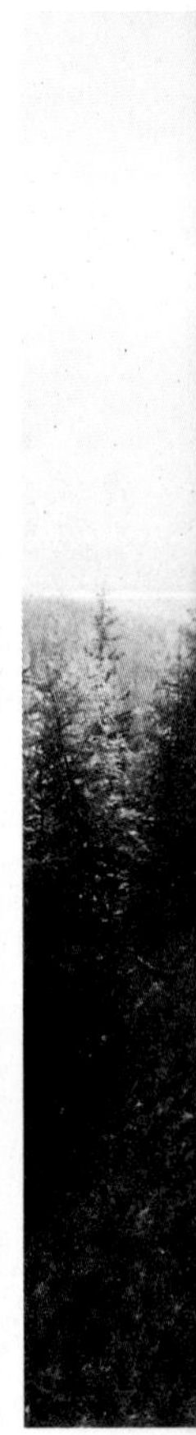

NACHWORT

Die Idee für dieses Buch wurde durch eine Aussage von Barbara Passrugger ins Leben gerufen, die lautete: „Wenn ich zurückdenk, dann seh ich alles in Bildern wieder vor mir."

Schon als ich mit der Autorin bei der Erstellung ihres zweiten Buches zusammen war, schwebte uns ein Bildband vor Augen. So wie beim „Steilen Hang" war auch diesmal unsere Methode erfolgreich: Umhergehen, Wandern, Leute besuchen, Umhersitzen, die Erinnerung nicht zwingen, warten, bis sie kommt. Erste Bilder gaben den Anlaß zu Erzählungen, Erzählungen den Anlaß zu weiteren Bildern. Bei der Auswahl der Bilder ergab sich die Bedeutung des Details für die Erinnerung. Oft spielen diese Erinnerungen eine wesentliche Rolle im Unterbewußtsein. Orientieren anhand einer Wurzel, das Erkennen einer Kuh am Klang ihrer Glocke, die Vorausahnung des Wetters durch den Geruch der Luft. Vielleicht sind diese Dinge wichtiger als das Erkennen einer Kuh bei ihrem Anblick, die Vorausahnung des Wetters durch Analyse der Bewölkung oder Orientierung anhand von Markierungen.

DANKSAGUNG
Unser Dank gilt allen, die uns bei der Herstellung dieses Buches unterstützt haben. Ohne den Trokar vom Pilzbauern, die Sichel und die Pferde der Hammerbauern, die Perchtengruppe Filzmoos, die Kühe und die Schnapsbirne vom Rettenegger und vor allem die wertvollen Gegenstände aus dem „Archiv" des Oberhofbauern hätten wir niemals so viele „alte Geschichten" aufleben lassen können.

INHALT

1997

$ 198,-

Mühsam mit der Seilwinde vom Nachbarn brachten wir die Schindeln u. die Balken zum Haus herauf. Es war für alle schwerste Arbeit. Überall ein Haufen von Schnee u. um 25-30 Grad Kälte.
Zum Dach decken haben uns alle Nachbarn geholfen. In 14 Tagen war die Arbeit beendet. Eine große Erleichterung für uns.
Aber das Haus war sehr baufällig u. bei solchen Witterungs=verhältnissen wie im vergangenen Winter, wäre es möglich gewesen, daß es auf der Wetterseite zusammenbricht. Nun mußten wir an das Hausbauen denken. Das Haus hatte keine Grundmauer, es stand auf dem Erdboden. Aber zuerst muß noch die Güterseilbahn zu uns auf den Oberberg gebaut werden, daran auch alle Nach=barn interessiert waren. Es ging dann auch ganz gut vonstatten, aber alle Nachbarn hatten junge Nachkommen u. konnten viel an Eigenleistungen machen. Bei uns war nur mein Mann u. ich u. die damals noch kleinen Kinder. Mein Mann kam schwer zum Schichten leisten, daher hatten wir viel zu zahlen. Auch ein Güterweg mußte zur Seilbahn-Bergstation gebaut werden. Da war es wieder ganz dasselbe. Zu der Zeit 1949-~~49~~ mußte noch alles händisch gemacht werden. Es gab noch keine einzige Maschine bei den Bergbauern.
Die Seilbahn war fertig gebaut, aber der Güterweg noch nicht.
Vom Nachbarn Ellbrunn wurde es uns dann schwer gemacht, weil wir noch nicht das Recht hatten über seinen Grund zu unserem Haus zu kommen, wir aber doch schon Material zum Hausbauen herrichten sollten. Die Seilbahn war dann wohl eine große Hilfe.